L 27 n 20361.

LA
METEMPHYCOSE
de Theophile,

OV LE TRANSPORT DE
SON OMBRE EN DIVERS CORPS.

M. DC. XXVI.

La Metemphicose de Theophile, où le tras-port de son Ombre en diuers Corps.

L esloit iour & desia l'Aurore auoit quitté la couche de sō vieil ialoux Triton, respandans des larmes sur la terre, en tesmoignage du regret qu'elle auoit, d'estre trōpee par son impuissance; & par ses

A ij

froideurs: Et les fleurs & les herbes des iardins & des prez estoient couuertes, d'vne sueur aussi blanche que la neige, comme Megere & ses furies prinrent la resolution de retourner aux Enfers, contentes de la vengeance qu'elles auoiét prinse, de celuy qui se confioit tát en la vanité de sa sagesse: mais l'ombre de Theophile ne voulut pas leurs faire compagnie, ce n'est pas sans raison (ce dit il) que les Ames sont amoureuses des corps, car les parties ont de l'inclination à se reunir à leur total, & l'aymant n'attire pour le fer auec tant d'effort, les lierres ne s'accrochent point aux murailles & la vigne n'enlasse point les Ormeaux si estroittement, les Bergers n'embrassent point celles qu'ils ayment, auec tant de passion,

que les ames se lient aux corps auec
affection, que ce mariage est difficile à resoudre, qu'elle violence
faut il faire pour rompre les liaisõs,
qui les garrottent, qu'elle contrainte souffre la nature, lors qu'il faut
faire vn diuorce eternel, & vne separation des parties si bien vnies.
Combien a elle de ressentimens en
ceste mort, combien de larmes respand elle pour les ouurages qu'elle
produit, lors qu'elle les resoult, son
regret est aussi grand qu'il est secret, aussi violent, qu'il est necessaire. Et sans doubte, n'estoit que
la mort est vn principe d'vne autre
vie, & que la corruption est le chemin pour aller a la generation, elle
prendroit les armes pour nous defendre de la rigueur du destin, &
s'efforceroit de nous donner l'im-

mortalité, helas : qu'vn tombeau est triste, qu'vne lame de cuiure cizelee d'epitaphes est froide, que l'appareil des funerailles est affreux que la couleur noire que l'on porte par ceremonie offése mes yeux, elle fait plus d'effort dans mon ame, que la mort mesme, aussi n'est elle pas si agreable, que celle que les amans portent, comme le simbole de leurs passions & que celle que les Bergers changent & entremeslent selon leurs aduantures, que les bouquets ou les rameaux d'vn Cyprés pallissant me desplaisent, aussi ne sont ils pas si beaux ny si odorants que les guirlades faites de roses, de passeuelours & d'œillets, que ces oraisons funebres, qui flattent si doucement la vanité m'ennuyent : l'aymerois mieux souffrir viuant la rigoureuse censure du Pere Garasse, & des hyppocondres, que de gouster mort les fades douceurs de ces loüages, imperceptibles à l'ombre & à la cendre, les arcs triomphaux, les statues, & les Colosses, dediees, a la memoire de celuy, qui vole comme vn atome dans le Royaume de la nuit, ne m'agreent point, Vn bucher, vne bierre, & vne vrne, sont capables de troubler mon esprit: helas quel a vie est belle, que le monde est beau: que les saisons qui s'entresuiuent d'vn ordre si reglé sont agreables: qu'il y a de contentemét à veoir vn arbre reuestu de fleurs & de feilles au printemps, que la rigueur de l'hyuer auoit despouillé, qu'il y a de plaisir a voir vne deuise amoureuse grauee, dans son escorce, croistre à mesure que le trõc groslit & à considerer de iour en iour, le changement que la nature faict aux fruits, & aux herbes, qu'il y a de delices a mesurer les ombres du Soleil, & d'en recognoistre la diuersité selon les climats & selon les saisons, Puisque doncque les ames ont tát d'inclination à se reünir à leurs corps, resoluons nous à chercher le nostre, pour reuiure, & pour mourir encores vne fois, Il n'est point tant hors de propos de descendre deux fois aux enfers & de passer le fleuue d'Acherõ: Hercule a fait ce voyage encore qu'il n'ayt point subi la rigueur du destin, Ænee visite son Pere Anchise, soubs la conduitte de la Sybille encore qu'il fut en vie.

Apres que l'ombre de Theophille

phile, eut prins la resolution, de
rechercher son corps, qui estoit
enseueli, il s'en alla au lieu ou
estoit son tombeau, mais il le ren-
contra des-ja trop aduancé, à la
corruption & a la pourriture, &
trop eslongné de la vie, qu'il luy
vouloit donner, ha? les miserables
despouillés du destin & du sort,
ce dit il, en souspirant, j'ay horreur
de veoir les malheureuses reliques
de mon corps, que la priuation
haste à la distruction, ce n'est plus
ce que j'ay laissé, cet œil n'est plus
capable de voir n'y de receuoir la
vertu visuelle, son cristallin est
trop sombre, & trop changé, c'este
bouche n'a plus son corail, ny son
vermeillon, & ne retient pas mesme sa figure, ce bra n'est plus
nerueux n'y puissant pour auoir

B

mouuement, car le froid de la mort la trop engourdi, les jambes font trop alteréez pour supporter le bastiment, le cœur qui est le principe & la source de la vie, n'est plus capable de receuoir le feu qui la perdu, car il commance à se resoudre, le sang qui est glacé, se change en terre : enfin la vie ne peut se ioindre à vne mort si eslongnée de son premier estre, Ie m'en iray donc chercher vn corps estráger, parmy les hommes, ou parmy les animaux, mais il fault qu'il y ayt proportion & rapport entre la forme & la matiere, il n'importe, ie feray par violence ce qui deuroit estre par nature, ie contraindray les corps à l'obeissance, comme s'ilz m'estoient propres & naturels, que si ce seiour m'ennuye,

Ie me mettray entre les substances de l'air, ou des eaues, tâtost ie feray le Lutain, tantost i'apparoistray aux superstitieux, tantost ie rendray vne maison inhabitée par le bruit que i'y feray, & par les inquetudes, que ie donneray à ceux que la crainte affoiblit, ie feray l'hoste d'vn Palais, ou d'vne tour ruinee, & la peur des femmes & des eufans, Ie me transporteray aussi legerement que la pensee, en tous les coins du monde, pour y veoir tout ce qui se passe, & si la subtilité de l'air m'offense, i'animeray les eaues, & me messeray auec les poissons, ie prendray plaisir à couler dãs l'Ocean arrosans les fleurs qui seront sur la riue, & si le cours continuel me fatigue, ie me reposeray dans les veines d'vn chesne ses

B ij

racines seront mes cheueux, son tronc sera mon corps, son escorce sera ma peau, les nœuds seront mes os, sa vegetatiue sera mon ame & ma vie, & la seiue mon sang, que si i'apprehende les incō-modirez de l'hyuer, & si ie desire d'estre en vn estat, insensible & sem-blable a la mort i'habiteray dans la dureté des rochers & des cauernes, n'ayant ny vie ny mouuement, & ie n'auray que la seulle voix de l'E-cho qui repetera plustost les plain-tes des estrangers, que les mienes propres : si l'insensibilité des ro-chers m'ennuye, ie les abandon-neray & prendray les corps des oi-seaux, & ie voleray d'arbre en ar-bé, en la saison du printemps : & tantost ie seray vn Rossignol chan-tant à reprinses, le mal-heur arriue à Philomele, tantoſt ie prendray le corps d'vne hyrondelle & racomteray les aduantures de Terée. En fin il n'y a ſubject en toute la nature dont ie ne preine la figure & le corps.

Ce pendant Megere arriue aux enfers auec ſes furies, & racomte au Pere Coton ce qui eſtoit arriué au Pere Garaſſe, c'eſt vne choſe eſtrange, luy dit elle, que les hommes ſont ſi defreiglez qu'ils ne veulent point ſe reduire à la raiſon, ny recongnoiſtre les puiſſances ſuperieures, Il y a vn d'entre vous, qui a eſté ſi oſé & ſi hardy de publier entre les mortels que ie ne puis troubler la ſageſſe, que la Philoſophie Stoicque a réduà l'eſpreuue de tous les accidens & que mes furies releuent de ceſte prudence, qu'il establit en vn degré si eminent qu'il n'y a que le Ciel qui la puisse destruire auec vn grand effort & neanrmoins, ie luy ay faict ressentir les effets de ma grandeur, il court maintenant côme vn furieux apres son ombre, croyant poursuiure Theophile: Mais encore que sa fureur tesmoigne mon pouuoir aux mortels, neanmoins la Societé l'Equiuocqura & dira que c'est la grande & confuse sciéce qui le trouble & que mes furies sont de l'imagination & de l'inuention des Poëtes, plustost que la verité, mais ie iure par mes serpens & par mes flambeaux de poix & de souffre, que si i'entends ces reproches, que i'affolleray toute la Societé de peur qu'elles ne face plus d'equiuocques, ny d'Æ-

B iij

nigmes sur les Theatres, & affin que l'on entende la verité de leur folie, puisque leur sagesse est si couuerte & si artificieuse.

CommeMegere eut ainsi triomphé de son ennemy, l'Ombre de Theophile print resolution de prendre vn corps d'air pour passer subtilement, en tous les cabinetz secretz & pour penetrer mesme, dans les pésées par conjectures & par ce moyen il descouurit toutes les amours toutes les extrauagances, desordres desreiglemens, intricques forfanteries, Cocuages Maquerelages sortileges de la Cour, en prenant diuers corps & diuerses figures il a peu veoir toutes les choses les plus secretes & les crimes les plus cachez comme vous entenderez par la Metemphycose suiuante.

www.ingramcontent.com/pod-product-compliance
Lightning Source LLC
Chambersburg PA
CBHW062001070426
42451CB00012BA/2494